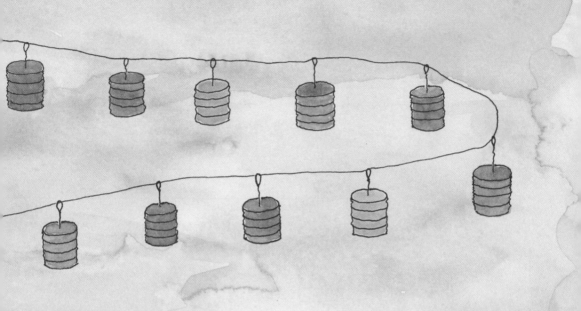

Text und Illustration
von
Anke Hopfengart

Für Pauline

Jazz im Park

An einem schönen Sommermorgen im Park streckt
Jüpp seine vorwitzige Nase aus dem Kaninchenbau.

Er schnüffelt rechts – vom Café her riecht es nach
frischem Apfelkuchen. Er schnüffelt links – dort
riecht er frische Blumen und seine geliebten
zarten Wiesenspitzen.

Genießerisch zieht er den Duft der nassen Erde
ein, als er von hinten einen Schubs bekommt.

Schwupps, fällt er vornüber auf den Bauch.

„Hey, was gibt's denn da zu schnuppern?",
ruft seine Freundin Mima neugierig.

Jüpp aber starrt nur gebannt auf ein Schild:
"Hurra! Endlich gibt es wieder eine **Jamsession**!"
Jauchzend flitzt er blitzschnell zurück in den Bau.

In seiner Höhle angekommen öffnet Jüpp einen alten Schuhkarton. Darin bewahrt er eine stolze Sammlung auf.

Zwischen vielen anderen Dingen findet er dort auch sein **Sopransaxofon.**

Als er aber
zunächst hineinpustet,
quietscht es gewaltig.
„So ein Kaninchenkleister,
das klappt ja überhaupt
nicht mehr!" Er probiert
so lange herum, bis es nach
einer Weile schon besser klingt.

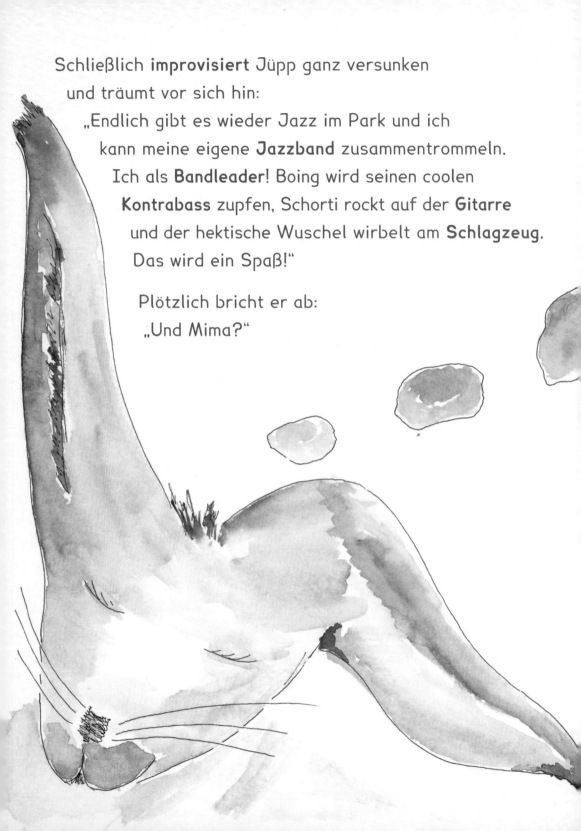

Schließlich **improvisiert** Jüpp ganz versunken
und träumt vor sich hin:
„Endlich gibt es wieder Jazz im Park und ich
kann meine eigene **Jazzband** zusammentrommeln.
Ich als **Bandleader**! Boing wird seinen coolen
Kontrabass zupfen, Schorti rockt auf der **Gitarre**
und der hektische Wuschel wirbelt am **Schlagzeug**.
Das wird ein Spaß!"

Plötzlich bricht er ab:
„Und Mima?"

Schnell sucht Jüpp nach den Rasseln, die er im Winter klamm-kaninchen-heimlich für seine Freundin Mima gebastelt hat.

Stolz betrachtet er die **Maracas**:
„Jetzt muss ich aber schnell losflitzen und Mima fragen, ob sie in meiner Band mitspielt."

Seit einiger Zeit sind die beiden Kaninchen
unzertrennlich und streunen den ganzen
Tag zusammen durch den Park.
Deshalb findet Jüpp seine
Freundin auch gleich an ihrem
gemeinsamen Lieblingsplatz.

Noch ganz außer Atem
fragt er sie: „Willst du bei
der Jamsession mitmachen?"

„Na klar! Hurra!" Mima ist begeistert.
Heimlich hat sie schon davon geträumt,
bei den Jungs in der Band mitzuspielen.

Schwuppdiwupp herrscht in den Gängen
plötzlich ein großes Gedränge.

„Endlich wieder ein Jazzkonzert!",
hört man hier und da begeisterte Rufe.

Es ist nämlich so, dass jedes Jahr alle zusammen
eine unterirdische Bühne buddeln. Wenn dann alles gut
läuft, werden nach einer gelungenen **Probe** auch die
Nachbarkaninchen aus dem Park zum Konzert eingeladen.

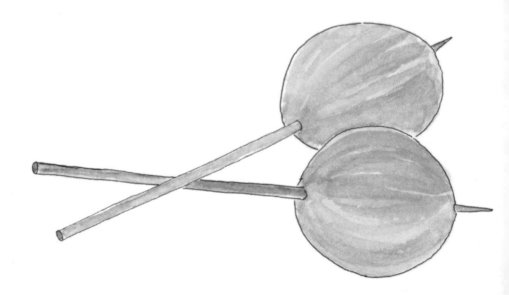

Der strenge Bergbaumeister Ponti
überwacht die unterirdischen
Bauarbeiten.

Eigentlich warnt er immer vor
großen Sälen im Kaninchenbau.
Zu schnell kann so eine Höhle
einstürzen und dann muss man
alles ganz neu aufbauen.

Aber was soll er tun?

Man hört ja doch nicht auf ihn.
Die Vorfreude auf das Konzert ist
in der ganzen Kolonie viel zu groß.

Mima schaut verdutzt, als ihre Mutter
Hermosa sie hinter sich herzieht:
„Los Mima – wir müssen auch mithelfen!"

Als Jüpp die Probenzeit bekannt gibt, beschwert sich Boing: „Und mein Mittagsschläfchen?"

PROBE 12 UHR

Plötzlich brummt ein Ton durch die
unterirdischen Gänge.

Oben im Park hat die Band ihre Instrumente aufgebaut.
Ein lautes Krachen und Summen ertönt aus den
Verstärkern von Bass und Gitarre. Der
Schlagzeuger schraubt die **Becken**
an seinem Schlagzeug fest
und der Saxofonist spielt
sein Instrument an.

Nun kann auch
im Kaninchenbau die Probe losgehen.

Jüpp zählt ein und legt in einem **Affentempo**
auf dem Saxofon los.

„Halt, stopp!" rufen die anderen Bandmitglieder.
„Wir spielen doch erst das andere Stück!"

Vor Aufregung hält jetzt
Wuschel die Anspannung
nicht mehr aus und trommelt
wild drauf los.
Leider haut er dabei mit
seinen Schlagzeugstöcken
einen langen Riss in
Schortis Gitarre.

Schorti
betrachtet
unglücklich den
Schaden. „Keine
Angst – ich habe
doch echten
Klebestreifen",
weiß Jüpp Rat und
kann die Stelle wieder flicken.

Jetzt legen endlich alle mit dem richtigen Stück los:

Boing spielt den **Groove**,
dann setzen Schorti und Wuschel ein und als letzter
hebt Jüpp sein Instrument und stimmt die **Melodie** an.
Mima rasselt auf ihren Maracas dazu und jeder aus der
Band darf ein eigenes **Solo** spielen. Danach gibt Wuschel
ein Zeichen und alle landen auf dem gleichen **Schlussakkord**.

Alle sind erstaunt,
wie gut die Probe geklappt hat.
„Lasst uns die Nachbarn vom Wiesengrund einladen!",
jubelt Jüpp in die Runde.

Begeistert wird die
Nachricht vom Jazzkonzert durch Klopfzeichen
mit den Hinterläufen ruckzuck über den ganzen Park
weitergetragen.

Bereits eine Stunde
vor Konzertbeginn kommen
über und unter der Erde die ersten Gäste.

Oben trudeln eher vereinzelt die Menschen ein.
Unten hopsen in kleinen Gruppen
die Kaninchen aus dem
ganzen Park herbei.

Mima hilft Wuschel dabei, sein Schlagzeug
noch auszubauen. Sie schleppen **Congas**, ein
Xylofon und viele Rhythmusinstrumente herbei.
Plötzlich taucht Boing auf. Mürrisch wackelt er mit
den Ohren: „Du spielst wohl ein **Solokonzert**! Da ist
ja überhaupt kein Platz mehr auf der Bühne!"

Also räumt Wuschel die meisten Sachen wieder weg.
Er denkt: „Ich habe ja sowieso nur vier Pfoten zum Spielen."

Oben im Park sind inzwischen alle Plätze besetzt
und die Band hat die Bühne betreten.
Alles ist für das Konzert vorbereitet
an diesem wundervollen Sommertag.

Wäre das Publikum ein wenig aufmerksamer,
könnte es die Vögel sehen, die sich rundherum
auf den Bäumen verteilt haben. Sie freuen sich
darüber, einmal von ihren Abendgesängen
befreit zu sein.

Auch unten im Kaninchenbau
ist die neue Konzerthöhle jetzt rappelvoll.

Als Mima, Wuschel,
Boing und Schorti gerade
ihre Instrumente in der Hand
haben, kommt Jüpp angerannt.
„Jetzt geht's los!",
ruft er und springt mit einem Satz auf die Bühne.

Auf sein Zeichen hin
beginnt Boing mit der **Basslinie**.
Die anderen setzen nach und
nach ein und nun spielen
beide Bands gleichzeitig:

Menschen und Kaninchen.

Über- und unterirdisch wippen
zahlreiche Füße und Pfoten mit.

Der letzte **Akkord** ist kaum verklungen,
da tobt schon der Applaus los.

„**Zugabe!** Zugabe!",
erschallt es von allen Seiten.

Nach einer kurzen Verbeugung
kehrt die Band an ihre
Instrumente zurück.
Die nächste **Nummer**
kann beginnen.

Plötzlich schreit Ponti durch den Saal: „Schnell! Schnell, raus hier! Unser Bau stürzt ein!

Rettet euch zum Nachbarbau!" Ein riesiger Tumult entsteht.
Einige nehmen schnell die Kleinen an die Pfote, andere
helfen, die Instrumente in Sicherheit
zu bringen.

Während das Publikum
oben im Garten gerade
einem Schlagzeugsolo
lauscht, huschen gleich
hinter den Stuhlreihen
aufgeregt die Kaninchen vorbei.

Flink schlagen sie ihre Haken bis rüber zum kleinen Fluss
und erreichen unbemerkt den rettenden Höhleneingang.

„Hurra, wir haben es geschafft!",

rufen die Kaninchen durcheinander,
nachdem sie sich alle wieder im großen
Saal am Wiesengrund versammelt haben.

Die Nachbarn tischen sogar einen
festlichen Knabberschmaus und
leckeren Himbeersaft auf.

Als es oben im Park bereits wieder leer und still ist,
wird unten im Bau noch gefeiert und getanzt.

Zum Abschluss des Abends spielt Jüpp
seine neueste Komposition vor.
Sie ist ein Geschenk für seine Freundin
und heißt deshalb auch „Prima Mima".

Kleines Jazzlexikon

Hier könnt ihr einige der wichtigsten Musikwörter, die in der Geschichte vorkommen, nachschauen:

Jazzsession/ Jamsession:
Eine Jamsession ist ein Treffen von Jazzmusikern, die noch nicht wissen, welche Jazzstücke sie spielen werden.
Jeder, der ein Instrument dabei hat, darf hier mitmachen.

Saxofon:
Das Saxofon ist ein typisches Instrument im Jazz. Es gehört zu den Holzblasinstrumenten, obwohl es aus Metall ist. Der Ton wird durch ein Bambusblättchen am Mundstück erzeugt, das durch Hineinpusten zum Schwingen gebracht wird.
Durch Öffnen und Schließen der Klappen entstehen die verschiedenen Tonhöhen. Das Saxofon ist nach seinem Erfinder Adolphe Sax benannt.

Sopransaxofon:
Das Sopransaxofon ist das Instrument aus der Familie der Saxofone, das sehr hohe und helle Töne spielen kann. Es ist ein kleines Saxofon. Seine Form kann gebogen oder gerade sein, wie Jüpps Instrument. Auf der CD hört ihr Stephan-Max Wirth auf dem Sopransaxofon.

Improvisieren:

Wenn man improvisiert, erfindet man spontan neue Melodien zu einem bekannten Stück. Alle Musiker aus der Jazzband müssen dieses Stück gut kennen.

Jazzband:

Eine Musikgruppe, die Jazz spielt.

Bandleader:

Das ist der Chef der Band.

Kontrabass:

Dies ist ein großes Holzinstrument mit langen Saiten für die ganz tiefen Töne. Im Jazz wird der Kontrabass mit den Fingern gezupft. Auf der CD hört ihr Bub Boelens auf diesem Instrument. Er spielt aber nicht den großen Bass aus Holz, sondern einen elektrischen Bass, den E-Bass.

Gitarre:

Die Gitarre gehört auch zu den Saiteninstrumenten.
Sie hat sechs Saiten, die aus Metall oder Nylon sein können. Je nachdem verändert sich der Klang des Tons. Die Gitarre wird mit den Fingernägeln gezupft. Auf der CD hört ihr Jaap Berends an der Gitarre.

Schlagzeug:

Wie der Name schon sagt, handelt es sich hier um Trommeln, die angeschlagen werden. Im Jazz besteht das Schlagzeug aus einer großen Trommel, woran zwei kleinere Trommeln, die Tomtoms befestigt sind. Dazu kommt noch die kleine Trommel, die auf dem Boden steht und ein Becken aus Metall. Becken sind große, leicht gebogene Metallscheiben, die mit einem Schlägel angeschlagen werden und laut scheppern. An Wuschels Schlagzeug fehlt noch die Hi-Hat. Das sind zwei Becken, die durch eine Fußmaschine zusammengeschlagen werden. Auf der CD spielt Florian Hoefnagels das Schlagzeug.

Maracas:

Bei uns nennt man dieses Instrument auch Rumba-Rasseln. Sie kommen ursprünglich aus Südamerika und wurden dort in der Tanzmusik gebraucht. Sie gehören zu den Rhythmusinstrumenten.

Probe:

Mit einer Probe bereitet man sich auf ein Konzert vor.
Hier kann man nochmals alles ausprobieren.
Die Musiker sprechen sich hier auch ab, welche Stücke sie
im Jazzkonzert spielen.

Verstärker:

Mit diesem technischen Gerät hat man die Möglichkeit,
ganz leise Töne laut zu bekommen.
Bei der Jazzband im Park werden die Verstärker für die
Gitarre und den Bass benötigt. Die Töne dieser Instrumente
wären ansonsten zu leise.

Affentempo:

Sehr schnelles Tempo.

Tempo:

Das Tempo zählt man in der Jazzmusik mit Zahlen ein,
damit alle Musiker von Beginn an wissen, wie schnell das
Stück gespielt werden muss.

Rhythmus:

Wenn man Töne mit verschiedenen Längen hintereinander
nach einem immer wieder gleichen Muster spielt, entsteht
ein Rhythmus.

Groove:

Das Wort kommt eigentlich aus dem amerikanischen Englisch. Es bezeichnet auch den Rhythmus. Gemeint ist aber auch das gute Zusammenspiel der Musiker und die tolle Stimmung, die durch die Musik beim Publikum entsteht.

Melodie:

Aufeinanderfolge von verschiedenen Tönen. Jedes Lied hat eine Melodie.

Solo:

Ein Musiker improvisiert und der Rest der Band begleitet ihn. Das nennt man dann ein Solo. Mit einem Solo kann der Musiker sein ganzes Können zeigen.

Akkord:

Bei einem Akkord klingen mehrere Töne gleichzeitig.

Schlussakkord:

Das ist der Akkord, auf dem die ganze Band zusammen das Stück beendet.

Congas:

Die Congas sind Fasstrommeln, weil sie so aussehen, als hätte man sie aus einem großen Fass gebaut. Sie stammen aus Kuba und sind nach einem Karnevalsrhythmus benannt.

Xylofon:

Das Xylofon ähnelt einem Glockenspiel. Es hat unterschiedlich lange Holzstäbe, die mit einem Schlägel angeschlagen werden. Je länger die Holzstäbe sind, desto tiefer wird der Ton.

Solokonzert:

In einem Solokonzert spielt ein einziger Musiker ein ganzes Konzert alleine.

Basslinie:

Die Basslinie ist in der Band die tiefste Melodie. Sie zeigt den anderen Instrumenten den richtigen Weg.

Zugabe:

Wenn es den Zuhörern gut gefallen hat, möchten sie gerne noch mehr hören. Wenn die Band dann noch ein Stück spielt, nennt man das die Zugabe. In der Jazzmusik überlegt sich der Bandleader meistens vorher, welche Stücke er sich für die Zugabe aufhebt.

Nummer:

Hier ist keine Zahl gemeint, sondern ganz einfach ein Musikstück.

Komponieren:

Komponieren bedeutet, eine neues Musikstück aufzuschreiben.

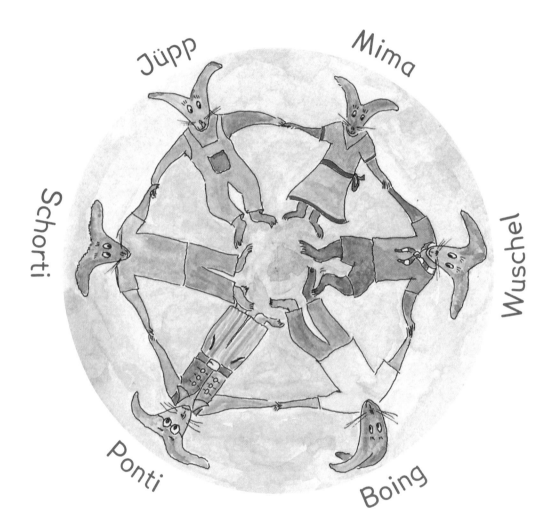

Jüpp

Mima

Schorti

Wuschel

Ponti

Boing

Hinten im Buch findet ihr eine CD mit Jazzstücken, die alle mit der Geschichte zu tun haben:

1) Fehlstart – Jüpp beginnt mit dem falschen Stück
2) Jazz im Park – Die Probe
3) Hula-Hoop – Das Konzert
4) Prima Mima – Die neueste Komposition von Jüpp

Gespielt werden diese Stücke vom
Stephan-Max Wirth Ensemble, einer Jazzband aus Berlin.
Die Kompositionen hat der Bandleader Stephan-Max
extra für dieses Buch geschrieben und anschließend mit
seiner Band im Studio aufgenommen.
An der Gitarre hört ihr hier Jaap Berends.
Den elektrischen Bass spielt Bub Boelens und
am Schlagzeug wirbelt für euch Florian Hoefnagels.

Jazz Im Park

Originalausgabe

Text und Illustration: Anke Hopfengart, Berlin
anke@hopfengart.de
Grafische Umsetzung: www.BABELgum.de
Druck und Bindung: CPI books GmbH, Leck.
ISBN 978-3-9813509-1-3

1. Auflage 2014